이 도서의 국립중앙도서관 출판시도서목록(CIP)은 e-CIP 홈페이지
(http://www.nl.go.kr/ecip)에서 이용하실 수 있습니다.(CIP제어번호: CIP2010004186)

토닥토닥 그림편지

행복을 그리는 화가
이수동이 전하는 80통의 위로

이수동 글·그림

어크북스

프롤로그
보름달 환히 빛나던
나의 483번지

지금은 아파트 단지가 들어서 없어진 대구시의 변두리 483번지, 나의 동네. 길 아래쪽은 초등학교만 졸업한 아이들을 일찍이 일자리로 내모는 집들이 많았고, 한두 골목 위에는 고아원이 있어서 부모 없는 친구들이 많았다. 우리 집은 딱 그 중간쯤 있어서 별로 사이가 안 좋던 아랫동네와 윗동네의 완충지대쯤 됐던 것 같다. 나는 아랫동네 아이들과도 친하고 고아원 애들과도 나쁠 것 없는 어린 시절을 보냈다. 어느 한쪽으로 치우치는 말을 잘 못하는 성격은 그때부터 몸에 뱄을지도 모르지. 소위 '감나무 밭'이라는 별칭으로 더 많이 불렸던 것을 보면 마을이 들어서기 전에 그 지역은 아마 감나무 밭이었을 것이다.

초등학교 시절, 학교가 파하면 철공소와 유리공장을 지나 작은 삼거리 '구일라사'라는 양복점을 거쳐 철둑을 무단 횡단했다. 그림 그리기를 좋아했던 나는 구일라사 양복점에 포스터를 그려주고 당시로

선 구하기 힘들었던 달력을 하나 얻는 쾌거를 거두기도 했다. 문틈으로 포스터를 몰래 넣고 달아났는데, 이틀쯤 뒤엔가 탄로가 났다. 주인은 너털웃음과 함께 내게 달력을 건넸다. 그때 그린 포스터 제목은 '양복은 구일라사로!' 였다. 그때 기억이 아직도 생생하다.

철둑길을 건너면 곧 바로 마구간이 양쪽으로 있어 냄새가 지독했다. 그 사이를 심호흡을 하고 후다닥 뛰어가야 비로소 동네 입구가 나타난다. 집에 가는 길에 고아원 아이들에게 무료 급식으로 받은 옥수수 빵을 더러 뺏기기도 하면서, 좁고 꼬불꼬불한 길을 따라 고물 최씨네, 국수 김씨네, 이발 윤씨네 등등의 하꼬방 같은 집들을 무수히 지나면 철근 이씨네인 우리 집에 도착한다. 막 이사 와서는 꽃집으로 불리던 집이었지만 어머니의 뜨개질 수예품(그걸 '꽃'이라 불렀다) 장사가 동네와도 맞지 않고 지지부진해, 아버지가 할 수 없이 하시던 '노가다' 중 주로 다루던 것이 철근 일이었기 때문에 우리 집은 '철근 이씨' 집으로 통했다.

동네는 낮 동안에도 어두침침하여 늘 회색빛이었지만 그래도 비교적 조용했다. 하지만 해가 지면 술에 취한 아저씨들의 싸우는 소리가 일상적으로 들렸다. 매일 순경들이 들러 싸우는 사람들을 중재하거나 심하게 싸우는 사람들을 파출소로 잡아갔다. 일상적인 달동네 풍경이었지만 우리 집은 조금 달랐다. 사업 실패로 흘러 온 동네라 도무지 자연스레 어울릴 수가 없었다. 하지만 매에는 장사 없다고 아버지는 막노동판에서 친구들을 사귀었고, 어머니는 취미였던 손뜨개질을 해서 아주 약간 생계에 보태다 보니 동네 아줌마들과 어울리게 되었다. 우리 삼형제 역시 아랫동네 윗동네 또래들과도 건성건성 친하게 되었다.

나는 그 어린 나이 때부터 해가 지는 게 싫었다. 다른 세상이 시작되는 신호였으니 말이다. 지금 곰곰이 생각하면 그나마 작은 창으로 비치는 달빛이 많은 위안이 되었던 것 같다. 그때는 달 보고 소원 비는 게 나름 종교 같은 분위기가 있었고, 나 역시 달을 보며 많이 빌었다. "제발 이 동네를 떠나게 해 주세요"가 기도 마지막엔 꼭 들어갔다. 그러는 사이 달은 나의 종교나 다름없게 되었다. 술을 좋아하고 풍류를 즐겼지만 가정에는 무책임했던 '낭만 아버지'는 오래도록 그 동네를 벗어나지 못했다. 나는 그곳에서 20년을 더 살았고, 결혼하면서 겨우 빠져 나올 수 있었다. 그러다 조금 지나 동네는 재개발로 사라져버렸다.

'기억'은 나의 힘이자 고통이다. 화가로서 지금 누리는 영화는 어린 시절의 '483번지', 특히 그 동네의 보름달 덕이고, 그림에 문득문득 드러나는 우울함 역시 그 동네의 길었던 기억 때문이다.

곰곰이 생각하면 나의 오늘은 젊은 날이 모두 녹아 있는 그 동네를 벗어나기 위한 의지의 결과일지도 모른다. 거의 몸부림 같은 의지였다. 근면, 성실, 노력, 인내 같은 1980년대식 장려 문구들은 아직도 화실 여기저기에 붙어 있다.

세월이 흐르면서 동네는 없어졌고 꽃처럼 곱던 어머니도 하늘나라에 가셨으며, 낭만 아버지도 병석에 누워 계신다. 그리고 나도 쉰이 넘었다. 하지만 골골이 몸에 밴 '목표를 위한 몸부림 같은 의지'는 여전히 나를 놓아주지 않는다. 그 모진 의지가 오늘의 나를 있게 한 걸 알면서도 아이로니컬하게도 스스로에게 내리는 형벌처럼 느껴지기도 한다. 이제, 부디 이 악다구니 같은 의지가 약해지기를 바라면서, 부디 질 줄 아는 미덕이 생기길 바라면서, 목표라는 걸 아예 세우지도 않게 되길 바라면서, 그저 모든 이를, 모든 것을 사랑하게 되길 바라면서…… 이 그림책을 낸다.

  이 그림책을, 늘 곁에서 응원해주는 나의 사랑하는 가족, 20년 가까이 쉼 없이 내 그림을 아껴주고 자랑해주는 갤러리 송아당, 그리고 내 그림에 변함없는 사랑과 박수를 보내주는 수많은 팬과 컬렉터 들에게 바친다.

2010년 12월
이수동

차례

프롤로그. 보름달 환히 빛나던 나의 483번지. 004

1장 마음 내려놓기.

오늘, 수고했어요. 014
나는 당신의 의자입니다. 016
그래島. 018
달빛만으로 충분합니다. 022
어서 오시게. 024
화양연화 1. 026
그녀에게 한 곡. 030
높은 사랑. 032
포도나무를 베어라. 034
그녀의 바다. 036
그녀가 온다. 038
꽃. 040
그녀의 꿈. 042
동행. 044
꽃배 타고 내려오다. 046
슬퍼도 상처받지 말고 즐거워도 방탕하지 말라. 048
늘봄 사랑. 050
모정. 054
꿈꾸는 마을. 058
아, 바다!. 060
소근소근 나의 이야기 1. 063

2장 설렘이 나를 부르네.

남 · 녀. 066
공작부인. 068
노란 손수건. 071
꽃바람. 074
내 사랑을 전해다오. 076
세상에서 가장 맛있는 커피. 078
꽃 마중. 082
마중. 084
사랑가. 086
어화둥둥 내 사랑. 088
지독한 사랑. 090
사랑, 꽃피우다. 092
당신이 잠든 사이. 096
한여름 밤. 098
이야기가 꽃이 되고 꽃은 달이 되다. 100
구름이 멋진 어느 날. 102
고.맙.습.니.다. 106
그대, 사랑합니다. 108
축화. 112
소중한 건 옆에 있다. 114
소근소근 나의 이야기 2. 117

3장 한 자락 쉬어가기

나들이 . 120
산들바람 . 124
나는 꽃이랍니다 . 126
별이 쏟아진다 . 129
기다리다 잠이 들다 . 132
화분 대신 붓이다 . 135
7부 . 138
비 오는 날 화가 . 142
사랑 번지다 . 145
꿈으로 가다 . 148
남자 . 151
즐거운 귀가 . 154
좋은 술이 생겼다 . 156
최 부장 바로 출근하다 . 158
해운대 갈매기 13호 . 160
잘 먹고 잘 살자 . 164
날마다 자라는 금나무 . 166
고맙습니다 . 168
나비 꿈 . 170
그 소녀 . 172
소근소근 나의 이야기 3 . 175

4장. 당신의 인생에게

꿈을 심다. 178
화양연화 2. 180
추일. 183
작은 것이 모여서. 186
선유. 188
유이제강. 190
기다리세요. 192
이제 텔레비전을 버려야겠다. 195
이 세상 두 부류. 198
시인의 마을. 200
2등으로 살아남기. 202
밤바다. 204
일련탁생. 206
꽃밭. 208
장미꽃 한 다발. 210
7월 7일. 212
꽃 피워놓고 기다리다. 214
꿈. 218
인생은 아름다워. 220
섬이 전하는 말. 224
소근소근 나의 이야기 4. 227

에필로그. 행복을 그리다. 228
그림 다시보기. 230

마음을 다치는 이유는 대개 욕심 때문 아닐는지.

다 가지고 싶은 욕심.

따지고 보면 자기 자신도 다 자기 것이 아닐 텐데,

하물며 상대를, 연인이든 거래든 가족이든 일이든,

어찌 다 내 맘 같거나 다 안다거나 다 가질 수 있겠습니까.

나의 그대 혹은, 나의 거래처, 나의 가족, 나의 일이라는 생각보다

그대의 나, 거래처의 나, 가족의 나, 일의 나라고 생각하면

내가 아니면 안 된다는 욕심에서 비로소 자유로워질 수 있을 것입니다.

1장

마음 내려놓기.

오늘, 수고했어요

전쟁 같은 세상에
매일 나가서 싸우듯 일하는 남자가 있다.
그 남자가 버티는 힘은
바로 그대의 꽃 같은 한마디.

"오늘도 수고한 당신, 어서 오세요."

나는
당신의
의자입니다

힘들고 지친 당신, 나에게 오세요.
나는 당신의 의자입니다.
그리고 당신을 잊은 적이
한 번도 없습니다.

그래島

'그래島'란 섬이 있습니다.
우리들 마음속에만 있는,
이어도만큼 신비한 섬입니다.

미칠 듯 괴로울 때,
한없이 슬플 때,
증오와 좌절이 온몸을 휘감을 때,
비로소 마음 한구석에서
조용히 빛을 내며 나타나는 섬.
그게 '그래島'입니다.

섬 곳곳에는
"그래도 너는 멋진 사람이야"
"그래도 너는 건강하잖니?"
"그래도 너에겐 가족과 친구들이 있잖아"
"그래도 세상은 살 만하단다"
같은 격려문들이 나붙어 있습니다.

그래島는 자신을 다시 돌아볼 수 있게 하는
용서와 위로의 섬입니다.
당신의 그래島는 안녕하십니까?

달빛만으로 충분합니다

그저 달빛만으로도 충분합니다.
부끄러움 잘 타고 소심한 나는 그렇습니다.
태양 같이 넘치는 사랑을 주지 않아도 괜찮습니다.
그대가 단지 나를 내려다보고 있다는 사실 하나만으로도,
나는 흥에 겨워 꽃을 피워 올릴 수 있습니다.

어서 오시게

달큼!
어서 오시게.
이 밤 자네와 한잔하며 긴 이야기 나누고 싶네.
나도 취하고 자네도 취해서
이 밤을 꼬박 지새워 보세.
내일 아침에 뜨는 해가
사실 벌겋게 술 취한 달큼 자네라는 걸
남에겐 절대 말하지 않겠네.

화양연화 1
花樣年華

이 좋은 날,
내 마음같이 피어오르는 뭉게구름 가득한 들에서
그대 기다리며 콧노래 부릅니다.
그대 오신다는 편지 받고 마중 나가는
지금이야말로,
내 인생에서 가장 아름답고 행복한 순간입니다.

그녀에게 한 곡

그녀에게 한 곡 보냅니다.
소리야 멀리 갈 수 없으니
구름에 실어 보냅니다.

혹여 그대가 들으신다면
해 지기 전에
비둘기나 까치 한 마리
날려 보내주세요.

설령 그대가 보낸 게 아니더라도
새 한 마리 내 머리 위를 지나면
나는 너무나 기쁠 겁니다.

높은 사랑

서로 위하고, 위하고, 위하다 보면,
그 사랑은 매일매일 자라서
어느덧 구름도 태양도 그 아래에 있게 됩니다.

고운 말 한마디 한마디가
형형색색의 꽃으로 피는 건
어쩌면 당연한 일.

포도나무를 베어라

그 남자는 신을 사랑합니다.
그렇지만 그녀를 가슴에서 지우지 못했습니다.
길게 뻗어 있는 포도밭 길은 산책길이 아니라
십자가입니다.

그녀는 신이 궁금합니다.
떠나간 남자를 잊지 못합니다.
신에 다가가서 물었습니다.
그러자 신은 나지막이 이야기합니다.
"……그러면 포도나무를 베어라."

사랑을 위해서라면 죄인이 되어도 좋습니다.

그녀의 바다

그녀는 섬이다.
세상이 바다로 밀려오면 잠겨
보이지 않다가,
그러한 것들이 사라지면
비로소 어렴풋이 제 모습을 드러낸다.

섬에 걸려 있는 달과 구름의 정겨움은
시인과 화가에게 술잔과 붓을 들게도 하지만
섬은 그저 험한 바다에 홀로 떠 있는 것만으로도
많은 이에게 안도와 용기를 준다.

매일 그 섬을 보고자 하는 이유는 많지만
안타깝게도 수시로 밀려드는 세상이
그 섬을 덮는다.

그녀가 온다

오늘은 내가 먼저 왔습니다.
한참을 혼자 앉아 있다 어색해서 커피를 주문했습니다.
그녀 것도 함께.
그녀는 약속시간을 10분 이상 늦은 적이
한 번도 없습니다.
이 커피가 식기 전까지는 올 겁니다.
그녀는 너무 뜨거운 커피는 싫어하거든요.
약간은 초조해질 즈음 커피숍 문이 열립니다.
그녀가 옵니다.

휴~ 고맙습니다.

꽃

나는 그대가 노랗고 붉거나 하지 않아도,
진한 향기를 뿜어내지 않아도 그저 좋다.
그대가 그런 화려한 꽃이 아니라는 건 이미 알고 있었다.
그럼에도 내가 이토록 그대를 연모하는 건,
나의 좁은 화분에서도 즐겁게 자라준
고마움 때문일 수도 있고,
파꽃 역시 꽃으로 알고 지내는
그대의 낭만이 안쓰러워서일 수도 있지만,
그보다는 쓰리고 빈속으로도 아무렇지 않은 듯
하얗게 봉오리 피워 올린 그대의 열정 때문이다.

누가 뭐라 하든
아무리 봐도
그대는 천생 꽃이다.

그녀의 꿈

그녀는 향기로운 꽃이고,
그 꽃을 품은 꽃병이기도 하다.
많은 이들이 그녀를 아끼고 흠모한다.

하지만 그녀는 오늘도 꿈을 꾼다.
애정 어린 시선도 좋고,
아름다운 찬사도 좋지만,
그들이 던지는 말에 자리매김 않고
진정한 자신을 돌아보는 꿈.

시들면 서러울 꽃이나,
깨지면 잊히는 꽃병이 아닌
살아 있는 흰 구름, 드넓은 하늘,
그리고 바람 소리.
오늘도 그녀는 하늘을 훨훨 날아다니는
꿈. 을. 꾼. 다.

동행

꽃 같은 그대,
나무 같은 나를 믿고 길을 나서자.
그대는 꽃이라서 10년이면 10번은 변하겠지만
나는 나무 같아서 그 10년, 내 속에 둥근 나이테로만
남기고 말겠다.

타는 가슴이야 내가 알아서 할 테니
길 가는 동안 내가 지치지 않게
그대의 꽃향기 잃지 않으면 고맙겠다.

꽃배 타고
내려오다

그녀가 꽃배 타고 내려옵니다.
현종과 양귀비는 아니어도,
그들처럼 침향나무로 만든 정자에서
그간의 이야기, 혹은 남은 날에 일어날
이야기들을 오래오래 하고 싶습니다.

여태 겨울이 견딜 만했던 건,
침향나무 다 자라면 꼭 돌아오겠다던
그녀의 언약 때문이었습니다.
짧은 하루하루였지만
기다리는 나에게는 너무도 길었습니다.
가시 같은 날들은 그래도 흘러갑니다.

드디어 그 침향나무가 다 자랐습니다.
지치고 남루해진 가슴이지만 상관없습니다.
그녀가 와 주는 것만으로도 충분합니다.
그대, 어서 오세요.

슬퍼도 상처받지 말고
즐거워도 방탕하지 말라

좋은 글을 만나면
부랴부랴 화실로 달려간다.

'애이불상 낙이불음 哀而不傷 樂而不淫'이라.
슬퍼도 상처받지 말고
즐거워도 방탕하지 말라.

그게 어디 쉬울까마는
지금의 내게는 너무도 절실한 말이다.
그림으로 남겨 두고두고 다짐해야겠다.

늘봄
사랑

뿌리 깊은 나무는
한겨울에도 꽃을 피웁니다.
차가운 눈뿐만 아니라,
간질이듯 피어나던 아지랑이,
모든 걸 태울 듯 뜨겁던 햇볕,
그리고 스산하게 불던 건조한 바람은
그저 오가는 눈인사에 불과합니다.

화려하거나 누추하거나
두껍거나 얇거나 한
매일 바꿔 입는 옷과 다를 바 없지요.
태어날 때부터 뛰어온 심장과는
비할 바가 못 됩니다.

사랑이 시작된 후부터 줄곧 자라온
깊고 깊은 뿌리를 가진 나무는,
주변의 어떠한 변화에도 아랑곳하지 않고
늘 꽃을 피웁니다.
뿌리 깊은 사랑이 그렇듯이…….

모정

정화수 떠놓고 비는 어머니의 마음을 아는가?
그릇의 문양마저 실제 꽃처럼 피워내는 어머니의 절절한 기도를.

즐거운 인생은 접은 지 오래고
그저 자식을 위한 헌신, 또 헌신……
잘 생각해보라.
세상의 모든 어머니는 한때 아리따운 아가씨였다는 것을.
지금의 그대처럼
커피를 즐기며 청바지를 입고
젊음의 거리를 뛰어다니던 아가씨.

마치 벽장 속에 있는,
지금은 쓰지 않는 오래된
촛대나 안경집이나 헌책 보듯 하는
그대의 어머니는
그 아름다웠던 시절을 뒤로하고
오늘밤도 그대의 성공을 빌고 있을 것이다.

그대, 지금 어머니를 꼭 껴안고 감사하라.

꿈꾸는 마을

꿈꾸는 마을이 있습니다.
사랑 때문에 잠 못 드는 그대들도
이제 그만 주무시고……
행복한 꿈꾸시기 바랍니다.
꿈꾸는 마을의 밤은 늘 아름답습니다.

그대들의 꿈이 꽃으로 피든가
달님이 꽃을 뿌려주든가.

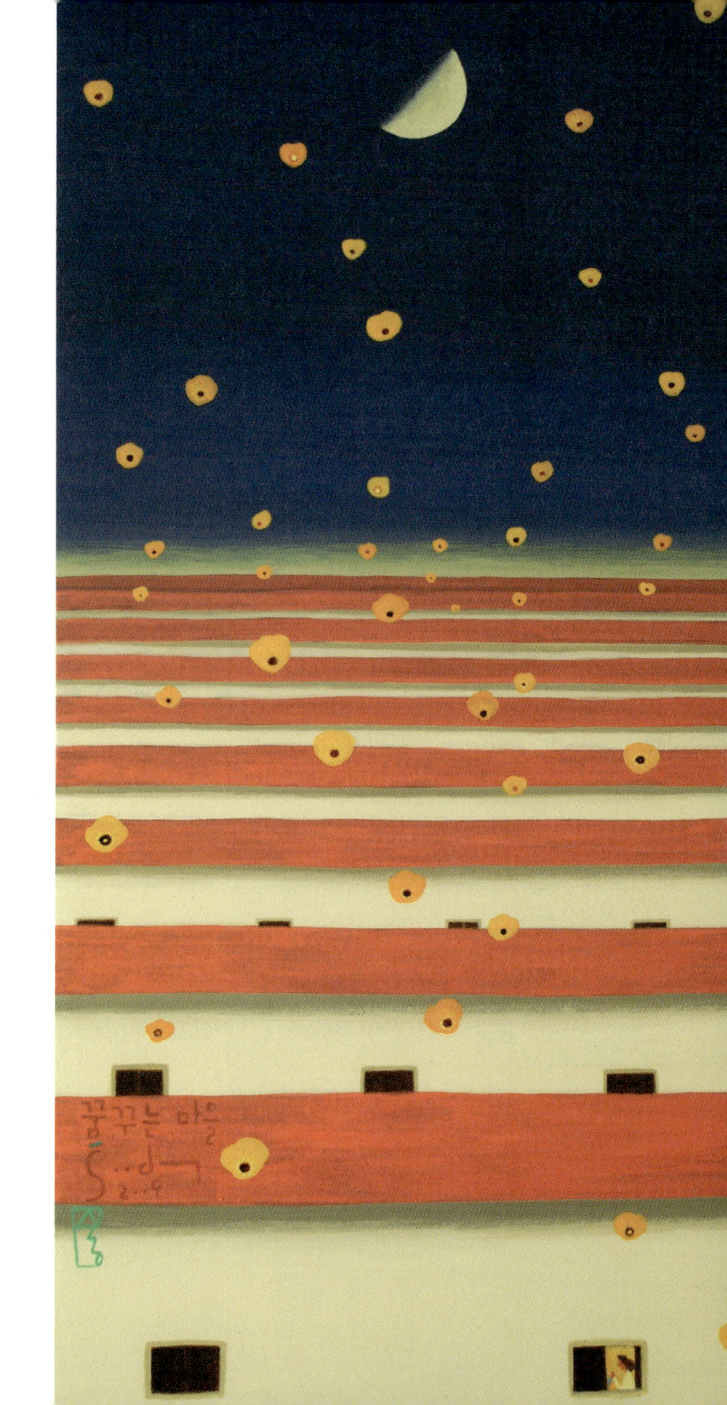

아, 바다!

세상 모든 물이 바다로 향하는 건,
그 바다가 낭만적이거나 고향 같아서가 아니라
그저 낮아서이다.
바다처럼 넓은 마음, 깊은 뜻을 말하는 그대,
먼저 낮아져라.

움직이는 것, 더 정확히 말해서 흐르는 것은
모두 낮은 곳으로 향한다.
이 얼마나 간단한 원리이자 진리인가?
꼿꼿하게 높이 솟아 있는지 모르고 다들 외롭다 말한다.
이제부터라도 사람 사는 정을 느끼면서 살고 싶다면
바다만큼 낮아져라.

그 정도면 충분했다.
늘 마주 보던 봉우리가 없어지면 무척 서운하겠지만
나는 아직 더 있으련다.
아주 나중에 많이 지치면
산봉우리에 신열身熱 같은 연기 피워 올릴 테니,
알아서 해일 한 번 일으켜 주시라……

소곤소곤 나의 이야기 1

돈이 있어야 그림을 그릴 수 있는 것 아니냐고 말할지도 모르지만, 오히려 윤택하지 않은 살림이었기에 마음껏 그림을 그릴 수 있었다. 그림이야 종이와 연필, 물감만 있으면 됐으니까. 그저 잘하는 것이 있어 감사했고, 그릴 수 있어 좋았다. 특별히 무언가를 더 바라지도 않았다.

초등학교 시절 같은 반 친구 중에 그림 깨나 그린다는 아이가 있었다. 공부도 곧잘 했기에 부모는 아이가 판사가 되기를 바랐다. 결국 그 친구는 중학교에 들어가면서 더 이상 그림을 그릴 수 없었다. 그 친구는 좀 산다 하는 집안의 아들이었고, 당시 화가는 직업 축에도 끼지 못하는 '버리는 카드'나 다름없기 때문이었다. 그에 비해 공부시킬 여력이 많지 않았던 내 부모님은 그저 내가 그림 잘 그리는 것을 좋게 봐주셨고, 나를 알게 모르게 화가의 길로 인도하고 있었다. 얼마나 행운인가.

영남대학교 미대에 4년 장학생으로 붙고서는 잠시 고민했다. 더 좋은 학교를 갈 수 있지 않을까 싶어 부모님께 말씀드렸다. 당시 서울에서 꽤 유명한 미술학원의 두 달 학원비가 10만 원이었다. 주저주저 아버지께 학원을 다니고 싶다고 말씀드렸으나 한량처럼 낭만을 따라 사는 아버지에게 그런 돈이 있을 턱이 없었다. 그렇게 수순대로 학교에 입학했고 무사히 졸업했다. 그나마 다행이라면 서울에 가지 못한 대신 드넓은 캠퍼스에서 없어도 기죽지 않는 배포를 배웠다는 점이다. 이 또한 얼마나 행운인가.

그렇게 꿈같은 오늘에 이르렀다. 얻으려면 버려야 한다는데…… 버릴 것도 없이 저절로 그렇게 된 나는 정말 행운아다.

이 세상에서 가장 중요한 의미를 둘 수 있는 게 뭘까요?

지금 손꼽아 보면,

공부, 여행, 음식, 술, 친구, 돈, 권력, 예술, 잠……

그리고 사랑,

바로 사랑일 겁니다.

세상의 모든 일은 사랑을 위해 있다고 감히 말할 수 있습니다.

사랑은 태어나서 죽을 때까지 계속 일어나는

거부할 수 없는 그 무엇입니다.

그렇기에…… 사랑합시다.

2장

설렘이 나를 부르네.

남·녀

그, 구름 같은 희망으로 열심히 일합니다.

그녀, 꽃 같은 사랑으로 그를 기다립니다.

공작부인

그녀는 공작부인입니다.
여느 새들과는 달리 높습니다.
물론 다른 새들은 공작부인보다
잘 날기는 하지요.
공작부인은 그게 싫은 겁니다.

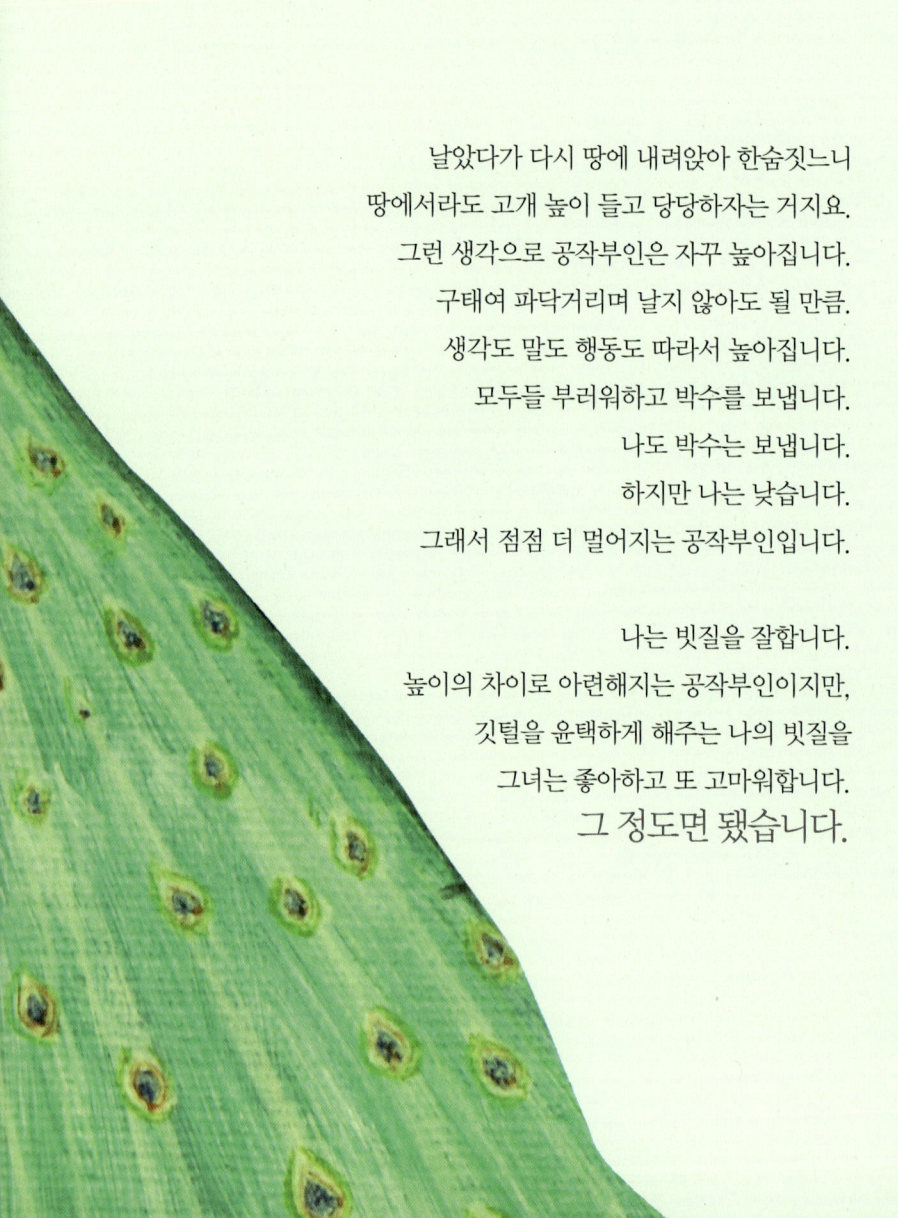

날았다가 다시 땅에 내려앉아 한숨짓느니
땅에서라도 고개 높이 들고 당당하자는 거지요.
그런 생각으로 공작부인은 자꾸 높아집니다.
구태여 파닥거리며 날지 않아도 될 만큼.
생각도 말도 행동도 따라서 높아집니다.
모두들 부러워하고 박수를 보냅니다.
나도 박수는 보냅니다.
하지만 나는 낮습니다.
그래서 점점 더 멀어지는 공작부인입니다.

나는 빗질을 잘합니다.
높이의 차이로 아련해지는 공작부인이지만,
깃털을 윤택하게 해주는 나의 빗질을
그녀는 좋아하고 또 고마워합니다.
그 정도면 됐습니다.

노란 손수건

소설처럼 편지를 했지요.
버스에서 내려 심호흡을 하고
뛰는 가슴을 진정시키며 주위를 둘러봅니다.

그녀가 노란 손수건을 손에 꼭 쥐고 있습니다.
아침부터 나와 있었답니다.
지금은 곧 해가 질 5시 반입니다.

꽃바람

그녀에게선
늘 바람이 인다.
겨울이면 칼바람일 것이고,
봄이면 봄바람일 것이고.

지금은…… 꽃바람이지.

내 사랑을 전해다오

……많이 기다렸습니다.
이제는 내 사랑을 전하고 싶어요.
나야 움직일 수 없으니
타는 마음이라도 보냅니다.

세상에서 가장 맛있는 커피

파도 소리 들리는 바닷가입니다.
그토록 바라던 그녀와 커피를 마십니다.
시끌벅적한 커피숍이 아니라 아무도 없는 바닷가입니다.
아마 사흘 내내 준비했을 겁니다.
테이블과 의자,
그리고 그녀가 좋아하는 코랄레드 색의 커피 잔에 다비도프…….
달 밝은 날로 정한 것도 잘한 일이지요.

커피 잔이 양동이만큼 크지 않은 게 그저 아쉽습니다.
이 작은 커피 잔의 바닥이 보이면 그녀는 일어설지도 모릅니다.
그전에 사랑한다는 말을 해야 할 텐데……
속으로만 되뇌는 그 말을
보름달은 아까부터 다 듣고 있습니다.
그 말이 쌓이고 쌓여 무거워진 달이,
재촉하듯 테이블 바로 위까지 내려왔습니다.
사랑한다는 말을 하든 못하든,
지금 이 순간 그녀와 마시는 커피는

세상에서 가장 맛있는 커피입니다.

꽃 마중

꽃이라고 마냥 예쁘게 앉아서
기다릴 수만은 없습니다.
나는 꽃이라고 자랑스럽게 말하며
당당하게 마중 나갑니다.
바로 꽃 마중입니다.

마중

휘영청 달 밝은 밤에
꽃 같은 그녀가 조용히 내려옵니다.
어젯밤부터 잠을 설친 나는
이미 마음이 들떠,
날아올라 그녀를 마중합니다.

그녀가 나의 일상으로
내려와주는 것만으로도 고맙지만
일찍 마중 가서
꽃처럼 아름다운 그녀의 세상에
좀 더 오래 머물다
함께 오고 싶습니다.

사랑가

달도 참 밝습니다.
지난겨울, 의지할 곳 없는
허허벌판에서 찬바람을
온몸으로 맞을 때,
바람에 섞여 가늘게 들려오는
그대의 기도소리를 들었습니다.
살을 에는 듯한 고통을 잊는 유일한 길은
단 한 사람, 바로 그대를 생각하는 것이었습니다.

시간은 늘 그랬듯이 흐르고 흘러,
아무 일 없었던 것처럼 어느덧 봄이 왔습니다.
내 마음을 대신하는 꽃부터 받으세요.
그대…… 고맙습니다.
아직도 새털 같이 많은 날이 남았습니다.
그리고 이제 더 이상 겨울은 없습니다.
그저 행복하고 즐거운 꿈만 꾸며
잘 살아봅시다.

사랑합니다.

어화둥둥
내 사랑

꽃 같은 그녀를 안고 있으면
내 마음이 붕~ 뜬다.
이대로 시간이 멈추면 좋겠다.
꽃배 타고 구름 위를 두둥실 뜨는 이 기분······.
어화둥둥, 내 사랑이다.

지독한 사랑

광풍을 부르는
지독한 사랑입니다.
사랑 말고는 아무것도
필요 없습니다.

사랑,
꽃피우다

몰래 한 사랑,
눈밭 헤치고 어렵게 만나
말 없이 안고만 있습니다.

그들의 사랑은 속으로만 남는
나무의 나이테처럼,
안타깝고 느리지만
선명합니다.

아무도 보는 이 없는
이 눈밭에서 그저 안고만 있습니다.
하루 종일 그렇게 있습니다.

그들은 말을 안 하지만
차가운 눈마저 알아채고
붉게 웁니다.
그러고는 봄에 필 꽃들을
미리 보내줍니다.

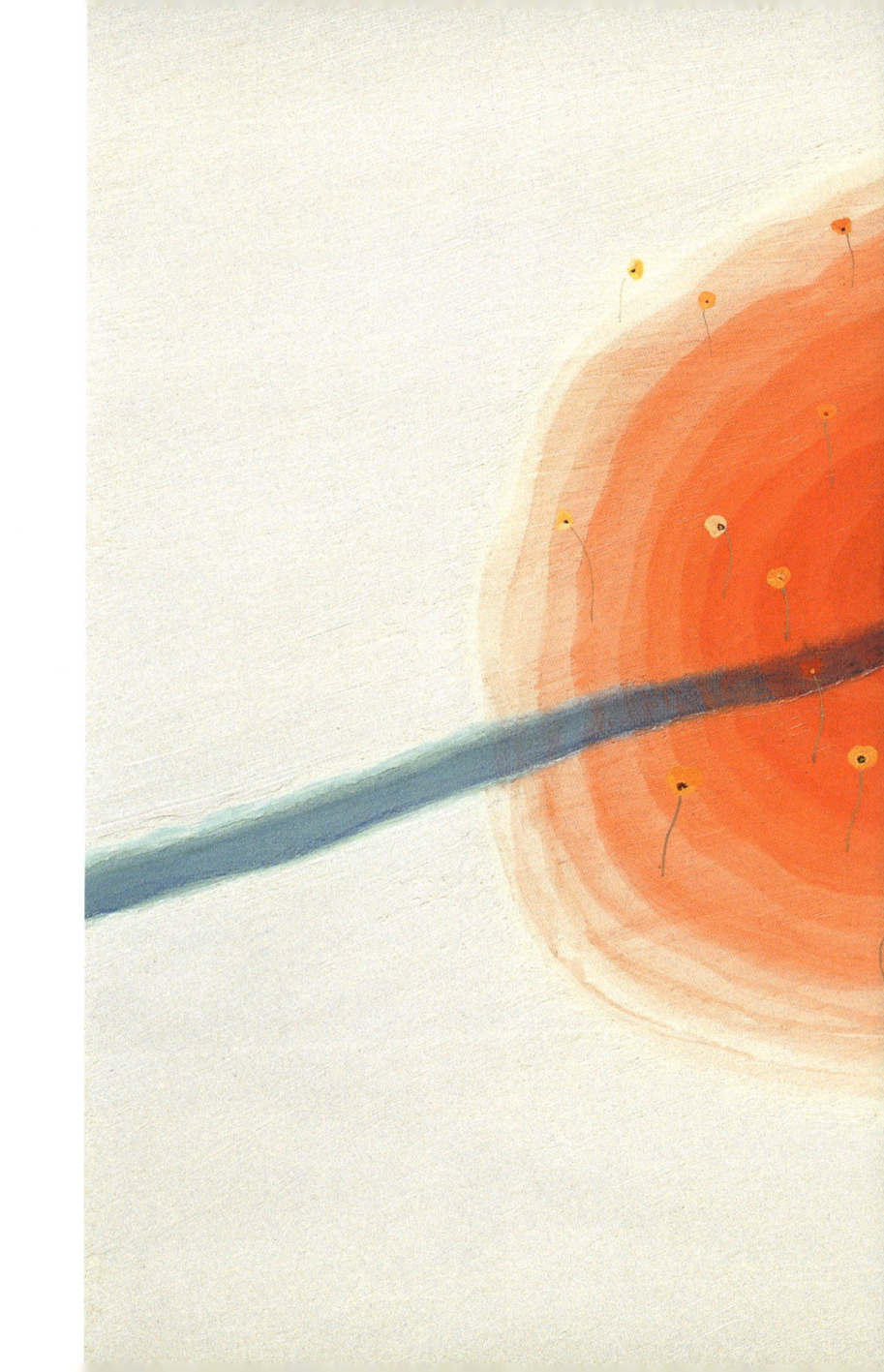

당신이 잠든 사이

당신이 잠든 사이
그녀는 깊고 푸른 밤을 지나 당신의 꿈속으로 날아듭니다.
매일 당신이 행복한 꿈을 꾸는 건 그래서입니다.
이제 그걸 알았으니
당신이 할 일은 그녀가 날아오는 내내 즐겁도록
그녀 닮은 양귀비 무수히 피워 올려주는 겁니다.

한여름 밤

그대와의 대화는 늘 즐겁다.
아니, 행복하다.

부드러운 음성,
세련되게 배려하는 마음,
때론 오랫동안 나의 넋두리를
가만히 들어주며 응시하는 깊은 눈…….
세파에 찌들어 거칠고 지친
나의 말투는 시간이 가면 갈수록,
그대의 목소리와 눈빛에 녹아든다.
시원한 바람이 간혹 불어오는
한여름 밤에 그대와 긴 대화를 하고 싶다.
휘영청 보름달까지 떠준다면
더없이 고맙겠고…….

이야기가 꽃이 되고
꽃은 달이 되다

눈밭이지만 추울 리 없다.
따뜻한 소파에 그녀의 무릎을 베고 누워
꿈처럼 달콤한 이야기를 하고 있으니.
이야기가 꽃이 되고 꽃은 달이 되어
다시 그들을 환하게 비추고 있으니
이미 겨울이 아니다.

구름이 멋진 어느 날

구름이 멋진 어느 날 그녀가 옵니다.
내 그럴 줄 알았습니다.
그날따라 아침부터 구름이 예사롭지 않았거든요.
하하하.

고.맙.습.니.다.

그녀의 편지 받고
한 치의 망설임 없이
집을 나섰습니다.
아! 겨울……
눈이 제법 쌓였군요.
집 근처 꽃집에서
그녀가 좋아하는 장미꽃
한 다발 사서 바로 갑니다.
생각보다는 먼 길이군요.
그런데,
그녀가 마중을 나왔습니다.
이런 이런 이런……
고.맙.습.니.다.
속으로 다짐합니다.
'나는 앞으로 그대의
영원한 종입니다.'

그대,
사랑합니다

눈 내려도 괜찮습니다.
그대를 향한 나의 사랑으로
충분히 녹일 수 있습니다.
혹여 그것이 벅차다면 우리 보금자리라도
그대 덕분에 생긴 나의 신열로 따뜻하게
데우겠습니다.
그리고 그대 닮은 산세비에리아도
피우겠습니다.

장담하건데 세상이 다 겨울이어도
우리 사랑은 늘 봄처럼 따뜻하고
간혹, 여름처럼 뜨거울 겁니다.

그대, 사랑합니다.

축화
祝花

빌고 또 빌어 소원 이룬 연인들,
축하합니다.
그대들의 힘들었지만 벅찬 사랑이
달에 고스란히 녹아 있군요.
다시 한 번 축하의 꽃 피워 보냅니다.

소중한 건 옆에 있다

시인, 혹은 철학자 같은 가수, 조 선생님이 말했습니다.
그대가 떠날 때부터 다시 돌아올 줄 알았다고.
눈에 익은 자리와 손에 익은 물건들,
그리고 편히 쉴 수 있는 곳은 바로 여기라고.
그대는 많은 것을 찾아 멀리 떠났지만
그 빈자리에서 나는 아무것도 하지 못하고 헤맸다고.

그대가 하늘 높이 날아서 별을 안고 싶은 마음에
소중한 것들을 혹시 모두 잊고 산 건 아니었을까?
다시 조 선생님이 말했습니다.
이젠 그랬으면 좋겠다고,
그대가 다시 돌아와 그간의 지친 내 마음을
아물게 해달라고.
별을 찾아 떠나는 그대를 말릴 수야 없지만
소중한 건 옆에 있으니 먼 길 떠나더라도
꼭 다시 돌아오길 바란다고.

소곤소곤 나의 이야기 2

누구에게나 기회는 온다 하던가. 나는 정말 운이 좋은 사람이라고 감히 말하고 싶다. 2004년, 전업화가로 살기엔 열악한 지방을 벗어나고자 가족과 친구들을 뒤로한 채 무작정 상경했다. 걱정과 격려를 매일 되새기면서 감옥에 갇힌 죄수처럼 2년 동안 그림만 그리며 세월을 보냈다.

그러던 어느 날 갑자기 미술시장에 회오리바람이 불었다. 2007년, 그 회오리바람을 나도 제대로 탔다. 전시를 시작한 첫날, 팔렸다는 표시인 '빨간 딱지'가 내 그림 전부에 붙었다. 갑자기 불어 닥친 광풍이었다. 바람은 바람일 뿐이라 그리 멀리 가지는 못한다. 고향에 머물면서 안주하고 있었다면 그 바람이 과연 거기까지 미쳤을까.

아니다.

살면서 여러 중요한 결정을 하지만 '무작정 상경한 것'에 대해서는 아직도 스스로 박수를 쳐주고 싶다. 그 광풍은 여러 문제를 안은 채 2년을 넘기지 못했지만 나는 그 덕에 아직까지 물감 걱정 없이 그림을 그리고 있다. 게다가 어린 시절부터 몸에 밴 '목표를 향한 의지' 덕분에 그 바람은 나에겐 아직도 계속 불고 있다. 눈물 젖은 빵의 힘을 이제는 안다. 그리고 눈물을 닦아주는 이들의 고마움도 나는 결코 잊지 않을 것이다.

그 시절 나의 적은 가난이었고, 이제 나의 적은 자만이다.

사람이 재산이다.

사람이 답이다.

광고 카피가 시보다 더 감동적일 때가 있다.

사람이 재산이고 답이 맞더라.

여러 사람을 만나면서 작든 크든 생활의 변화가 일어날 때, 놀란다.

나를 둘러싼(혹은 내가 둘러싼) 사람들의 생각이나 말들이

때로는 잔잔한 호수에 돌을 던지는 것 같기도 하지만

그냥 잔잔하기만 한 것을 움직이게 하는,

그래서 더 열심히 살게 하는 이유가 되기도 한다.

사람이 재산이고 답이다.

3장

한 자락 쉬어가기.

나들이

현기증이 날 듯한 이 계절,
다시는 돌아오지 않을 듯
나들이합니다.

산들바람

그녀에게 산들바람이 불어온다.

    좋은 생각,
        아름다운 생각,
            꽃다운 생각……
                넘치고 넘쳐 오히려
                    머리가 무거워질 즈음

고맙게도 바람이 불어온다.
    산들바람,
        서운하지 않을 정도의 꽃잎들이
            바람 타고 하나둘 날아간다.
                그녀는 가볍고 맑아진다.

        꽃잎들은?
            아마도 내 집 앞 편지함에
                차곡차곡 쌓일 것이다.

나는 꽃이랍니다

나는 꽃이랍니다.
그대가 하도 모르는 것 같아 직접 말해줍니다.
이렇게 쉽게 말해줘도 여전히 고개를 갸우뚱하면
그대는…… 아마도 딴생각을 하고 있거나 나와 인연이 아니거나.

바쁘게, 그리고 정신없이 사는 사람들과는
다르게 살고 있습니다, 나는.
그래서 얼핏 보면 드러나지 않고
자세히 보면 감탄하게 되는 그런, 꽃 같은.

어쩌면 그건 나의 괜한 욕심일 수도 있습니다.
마치 시장에 선원仙苑을 차려 놓은 것처럼 말입니다.
이제는 생각을 바꿔야겠어요.

그대가 잘 보이도록 붉게 피워 올리렵니다.
하지만 그리 오래가진 못합니다.
화무십일홍花無十日紅이라 열흘이면 나는 질 것이니.
그 안에 알아주지 못하면 인연도, 꽃도 접고
그냥 풀로 남겠지만
아직까지는…… 그대를 기다리는,
나는 꽃이랍니다.

별이 쏟아진다

내 말 하나하나가 별이 되었다가, 드디어 오늘 쏟아진다.

기다리다 잠이 들다

기다리다 잠이 들었습니다.
늘 그대를 기다리게 한 게 미안해서
이번엔 내가 조금 먼저 왔습니다.
기다리는 동안 그대와의 지난 이야기를 되새겨보았습니다.
······다 고맙습니다.

커피숍의 음악소리가 자장가처럼 들릴 정도로 평온합니다.
진작 먼저 와 기다릴걸 그랬습니다.
그리고 이내 깜빡 잠이 들었나 봅니다.
당연히 그대의 꿈을 꾸었지요.

처음부터 선녀 같았던 그대가
솜털처럼 부드러운 구름을 타고 옵니다.
꽃향기 만발하고 휘영청 달도 밝습니다.
나는 그대 손을 잡고 밤바다를 날듯 달립니다.
행복합니다.

제 시간에 와서 나를 깨우는 그대의 손길도 반갑겠지만
이 꿈, 너무도 아깝습니다.
오늘은 그대, 조금 더 늦어도 좋겠습니다.

화분 대신 붓이다

몇 년 전 화실을 방문한 손님이 놓고 간 화분이 하나 있는데,
내게는 도무지 그런 것들을 잘 키워내는 재주가 없다.
그런데 근래 우연히, 해질녘 창가에 있는 그 녀석의 그림자가
90도 각도에 위치한 내 자화상에 절묘하게 더해져
내가 마치 꽃다발을 들고 있는 듯 보였다.
멋지더라.
갑자기 그 화분에 정이 갔지만 이미 늦었다.
늘 열어 놓은 창문으로 끊임없이 들어오는 바람 때문에
그 녀석은 잎이 마르는 중이었다.
평소 농담처럼 하던 말,
"알았을 때는 이미 늦다."
바람을 못 이기는 건 식물도 마찬가지인 모양이다.

이제는 푸른 잎이 절반 이상 갈색으로 변했지만
아직 뽑아내긴 아쉬워서
다 마르면 그때 가서 치울 것이다.
그래도 몇 년의 정이랍시고 미련이 남는 모양이다.
그 화분을 치우면 붓통을 놓아야겠다고 생각했다.
그러면 석양에 내 자화상이 붓을 들고 있듯 비칠 것인데…….
그것도 나름 보기 괜찮겠다. 화가 티 너무 내는 건가.
어쨌든 늦게라도 멋진 실루엣을 선사한 화분에 감사.

7부

딸이 돌아왔다.

1994년에 건강하게 태어난 딸인데,
한창 결혼 붐이 일 때인 2007년 봄에
'KIAF'란 중매쟁이를 통해 좋은 곳에 시집갔다.
내 옆에 오래 둔 게 미안해서 비싼 옷을 해 입혀 보냈다.

딸 이름은 '칠부七部'.
내가 화가로서 이름이 막 나던 시절에 낳은 딸이다.
당시 나는 내 스스로 정상이 얼마 남지 않았다 여겼고,
70퍼센트까지는 왔지 않나 싶어 이름을 그렇게 지었다.
지금 돌이켜 보면 30퍼센트도 오르지 못했더라만. 하하하.

하여튼 내 딸이 돌아온 게 반가워,
얼굴도 닦아주고 옷도 새로 갈아 입혔다.
내친김에 예쁘게 성형도 좀 해줄까 하다가 이내 생각을 접었다.
내가 보기엔 이 아이는 나름대로 매력이 넘치니 말이다.
덩치도 크고 과묵해서 돌아왔지 싶은데…… 내겐 전혀 그렇지 않다.
작업실 소파 뒤에서 그간의 이야기를 이르듯, 자랑하듯,
조잘조잘대는 게 마치 지저귀는 작은 새 같다.
막 잠이 든 딸을 보니 안쓰럽다가도 사랑스럽다.
이 딸은…… 아무래도 평생 내가 데리고 살아야겠다.

'칠부'야 사랑해~

* 미술시장이 활황이었던 2007년 팔렸던 100호짜리 큰 그림 「칠부」가 다시 내 손에 돌아왔다. 단순한 생김새 그대로, 내가 아끼며 소장할 생각이다.

비 오는 날
화가

도둑이 들었다.
소심한 집주인은 '이놈, 현관문을 열기만 해봐라' 생각했다.
하지만 현관문이 열렸다. 그러자
'방문을 열기만 해봐라' 했고.
방문도 열리자 또 다시 속으로만
'내 물건 손대기만 해봐라' 했다.
도둑이니 당연히 소중한 물건을 훔쳤다.
그리고 유유히 나갔다.
가만히 누운 채 눈도 못 뜨고 있다가
한참 지난 후에야 벌떡 일어나
고함을 버럭 질렀다.
"이놈! 또 오기만 해봐라!"
하지만 그 도둑은 또 올 것이다.

그 도둑은 시간이다.

흐르는 시간을 막을 수는 없다.
그렇지만 그 몹쓸 것의 뒤통수에 대고
고함이라도 한번 빽 질러야 덜 억울하지 않겠나.
나는 화가라서, 잃어버린 소중한 물건,
그림으로라도 그려 남겨놓을 수 있어 다행이라 생각한다.

비 오는 날, 화가는 그릴 게 많다.

사랑 번지다

살아가다 보면 이런 인연 저런 인연을 맺게 된다.
근래 아주 특별한 사람을 만났다.
바로 가수 김민우인데 지금은 노래는 잠시 쉬고,
수입자동차 판매왕이라는 또 다른 인생으로
세간에 이름이 오르내리고 있다.
그런데 그가 내 그림의 팬이란다.
설마?
안국동의 한 화랑에서 그를 직접 만나고서야
그 즐거운 얘기를 믿게 되었다.
한 달 뒤 그와 술자리를 하게 되었는데
이렇게 진솔하고 정 넘치는 사람이 또 있을까 싶었다.
사람은 각자 저마다의 고정관념으로 상대를 본다.
나 역시 그러했지만 그런 생각을 거두는 데는
불과 1시간이면 족했다.
내 앞에는 톱가수도, 자동차 판매왕도 아닌
사랑이 넘치는 사람 '김민우' 만 앉아 있었다.

사랑 번지다

이 집에 시집간 내 그림들이
앞으로 더욱 사랑받으리라는 걸 확신했고,
그 안도감으로 나는 그날 술독에 빠졌다.
다음 날 화실에서 간신히 정신을 차린 내 기억엔,
동석했던 김민우의 후배도 그를 알고 지낸 3년 동안
한 번도 들어보지 못했다는 「사랑일 뿐야」의 라이브 음성과,
그가 건넨 손수건 한 장이 남아 있었다.
선물이었던 그 손수건은 내 바지 주머니에 있었다.
곱게 펴서 그날의 일기를 그렸다.

'사랑 번지다'

이럴 땐 내가 화가라는 게 정말 좋다.
아마 정 넘치는 그는 이 시간에도
또 다른 사람을 감동시키고 있을 게 분명하다.
손수건에 그린 그림처럼 그의 사랑이 널리 번지길 바란다.

꿈으로
가다

잠드는 게 겁날 때가 있다.
요즘은 자주.
아침에 일어나면 흥건히 젖는 이불과 베개.
도대체 꿈은 나를 매일 어디로 데려가는지.

산으로 들로 바다로,
깊은 물속이나 까마득한 하늘,
더러는 가슴 아픈 기억이 있는 곳으로 가서
한참 나를 묶어놓았을지도 모를 일이다.

그렇게 온 세상을 다 다녀오니 땀에 젖을 수밖에.
꿈은 어쩌면 힘든 현실의 도피처나 휴식일 수도 있는데,
나의 꿈은 왜 이다지도 나를 힘들게 할까?
하루 종일 일어나거나 생각한 많은 일들을 모아서
한 화면에 죄다 펼쳐 보여주는 게 꿈인지……
그렇다면 오늘은 아무것도, 아무 생각도 안 할 테니
그저 포근한 구름 위에서 쉬게 해 다오.

남자

남자는 달라야 합니다.
살면서 울 일이 좀 많겠습니까?
하지만 평생 세 번만 울어야 한다지 않습니까?
그래야지요.

이런저런 변명을 필요로 하는 일이
하루에도 얼마나 많습니까?
그렇지만 남자는 목에 칼이 들어와도
구차한 변명이나 눈속임을 하지 않아야지요.
이 작은 몸으로는 못할 일이
세상에 너무도 많습니다.
그런데도 태산을 옮겨 보겠다며
달랑 삽 하나 들었어도 문을 박차고 나가야
남자랍니다.
이 엄동설한의 눈밭조차 아내와 아이들을 위해,
불편하지 않도록, 두려워하지 않도록,
붉은 카펫을 먼저 밀고 나가는……
남자랍니다.

즐거운 귀가

술 거나하게 '걸치고' 즐거운 마음으로 귀가합니다.
필시 오늘이 월급날이었거나
장날 송아지 한 마리 팔았거나
아니면 투전판에서 돈 좀 따셨을 테지요.

좋은 술이 생겼다

좋은 술이 생기면
먼 길을 한걸음에 달려올 수 있는
그런 친구들을 불러서 한잔하시라.
나를 포함해 셋 정도만 되어도
인생 잘 살고 있다고
감히 말할 수 있겠다.

최 부장 바로 출근하다

최 부장은 어제 술독에 빠졌다.
하지만 그 술독에서 너무 늦게
빠져나오는 바람에 회사에
바로 출근하게 되었다.
몸은 천근만근이지만 입가엔
웃음기가 가시지 않는다.

해운대 갈매기 13호

해운대 포장마차 촌에 '갈매기13호'라는 곳이 있다.
작년에 우연히 처음 간 후로 부산에 갈 때마다 들르는 곳이 되었다.
죽 늘어선 포장마차들에서 흔히 호객을 하는데
그 집은 그렇지 않았다. 그게 좋았다.
그냥 조용히 앉아 있었다. 그날의 내 기분처럼.
혼자 마시는 모양새가 마음이 쓰여서 그랬는지
손님이 나밖에 없어서 그랬는지
조갯국, 멍게, 성게 알 등 서비스가 계속 나왔다.
사람에 지쳐 바닷바람 쐬러 온 해운대에서
사람의 정을 다시 느끼다니. 아이러니다.
마치 생일상처럼 그득한 해산물을 안주 삼아 오랜만에 대취했다.
바에서 젊은 아가씨와 이야기하는 것은 공허하지만
누이 같은 포장마차 주인과 이야기하는
세상사는 온몸에 팍팍 스며든다.

숙소에 돌아와 스케치북을 꺼냈다.
해운대 밤바다와 포장마차를 그렸다.
술에 취한 채 그리는 해운대 밤바다……
다음 날 일어나 다시 보아도 여전히 낭만 100퍼센트였다.
며칠 전 그 포장마차에 다시 갔다.
주인은 잠시 긴가민가하더니 이내 알아보고
그때처럼 안주를 한 상 가득 내온다.
뒷이야기는 똑같다.
부산에도 나를 반기는 곳이 하나 생겼다.
살 만한 세상이다.

잘 먹고
잘 살자

향기로운 꽃밥입니다.
태극기를 보고 그린 그림이지요.
우리나라가 잘되어서
모두가 잘 먹고 잘 살았으면 좋겠습니다.

날마다 자라는 금나무

날마다 자라는 금나무입니다.
자식들이 자라거나,
자산이 불어나거나
사랑이 커가거나…….

날마다 그렇게 자라는 금나무 하나
나의 앞뜰에 심었으면 좋겠습니다.

고맙습니다

그대의 열정이 나를 꽃피웁니다.
더 높은 곳에서 더 많은 향기를 품은
꽃으로 피어나게 해주셔서
고맙습니다.

나비 꿈

장자가 말하길,
"내가 나비 꿈을 꾸는지, 나비가 내 꿈을 꾸는지 모르겠다."
그 유명한 호접몽 胡蝶夢입니다.
어쩌면 우리가 각자 자주 꾸는 그 꿈이
원래 자기 자신이고 세상은 아닐지.

그 소녀

꿈에,
영원한 것에 대해 이야기하며 한잔하다가
조 선생이 노래하길,
"그 소녀 데려간 세월이 밉습니다."
내가 거들길,
"맞아요. 세월 그놈, 참 나쁘지요."
다시 조 선생이 탄식하길,
"저 노래 부를 때 나는 청년이었는데
지금은 중년을 넘기는 나이라……."
내가 또,
"그렇지요. 저 소녀도 그림을 깨고 나오면 중년이랍니다."

하지만 노래와 그림은 영원한지라
가수는 노래 속의 소녀와 살고
화가는 그림 속의 소녀와 삽니다.
어울리지 않게.
결국 세월은 그 소녀는 놔두고
우리만 데려온 거지요.
그래서 더 야속한 세월입니다.

소근소근 나의 이야기 3

무명이 길었던 나는 내 그림을 사주는 사람들을 아직도 하늘처럼 여긴다. 그들 대부분은 나의 어머니가 손수 짠 덧버선을 하나씩은 신고 있을 것이다.
나는 부모님을 힘들게 하는 아이는 아니었다. 그런 내가 화가의 길을 걸으며 힘들어하는 모습이 당신 눈에는 안쓰러우셨나 보다. 취미를 넘어 밥벌이 수단이었던 뜨개질을 다시 시작한 것도 막내아들의 그림을 사준 고마운 분들에게 뭐라도 선물해야겠다는 어머니의 뜻이었다. 뜨개질 솜씨가 보통이 아니었으므로 그림 팔리는 속도보다 덧버선 만드는 속도가 더 빨랐다. 사실을 말씀드리고 천천히 뜨시라고 하면 실망할까 싶어 차마 말할 수 없었다. 그렇게 나의 화실에 덧버선은 차곡차곡 쌓여갔다.
하지만 그 많던 덧버선이 지금은 얼마 남지 않았다. 내 그림을 사랑해주는 사람들이 많아졌기 때문이기도 하지만 그 덧버선을 짜던 어머니가 이제 하늘로 가셨기 때문이다.
달동네에서 고생만 하던 어머니는 가장 곱고 예뻤던 젊은 시절 모습으로 내 마음에 남아 있다. 도리가 아닌 줄 알았지만 사람들이 어머니의 마지막 모습으로 기억할 영정 사진으로 꽃다운 30대 시절의 사진을 쓰고 싶었고, 그렇게 모셨다.
어머니가 평생 놓지 못했던 자식에 대한 근심 걱정과 마음 씀씀이는 나의 울퉁불퉁했던 화가의 길에 환하게 비친 달빛이나 다름없었다.

시간은 화살처럼 빨리 지나가고

때가 되면 석양을 바라보며

지난 시간을 돌이켜보게 될 것이다.

인생을 과연 잘 살았나 못 살았나 하는 기준은

부자거나 가난하거나 지위가 높거나 낮거나

이름이 얼마나 알려졌는가에 달린 것이 아니라

얼마나 아름다운 사랑을 많이, 오래 했는가에 달렸다.

사랑한 크기에 따라 행복한 인생 혹은,

후회스런 인생이 될 거라는 이야기다.

백번 생각해도,

사랑은 아무리 해도 끝없을,

사람이 만들어낸

가장 아름다운 말이고 행동이고 의미이다.

사랑하고 사랑하고 또 사랑하라.

4장

당신의 인생에게

꿈을 심다

나의 꿈은 무수한 꽃들이 핀
넓은 들판을
매일매일 거니는 것.
그러자면 일단 높은 곳에 올라
씨앗부터 뿌려야지.

화양연화 2

비록 달동네였으나 어머니가 지나가면 동네가 다 환했다.
어릴 땐 몰랐지만 철들고 알게 되었다.
먹어서 제일 해로운 게 있다면, 바로 '나이'.
말릴 수 없어서 어머니도 많이 드셨다.
어느새 몸이 가벼워져 하늘로 가셨다.
나의 책상 옆에는 아리따운, 지금의 내 나이보다도 젊은
30대 후반의 어머니 사진이 늘 있다.
초췌하고 힘겨운 병색을 드러낸 어머니가 아니라
칙칙한 동네를 빛나게 해준 그 시절의 어머니가 그곳에서 웃고 계신다.
지금이라도 자랑하고 싶었다.
늙고 표정 없는 노인들의 영정 사진……
자식들에게 혹은, 다른 이에게 마지막으로 기억될 얼굴이다.
그게 좋나? 나는 싫다.

법도도 좋고 이목도 중요하지만
어머니에 대한 나의,
행복하거나 자랑스러운 기억도 그것만큼이나 중요하다.
형들과 의논하여 어머니의 마지막 모습을,
살면서 가장 아름다웠던 시절의 어머니 사진으로 썼다.
그 사진을 찍었을 때가 아마도 어머니 인생에 있어
화양연화, 일생에서 가장 아름답고 행복한 순간이었을 거다.
꽃다운 나의 어머니는 하얀 국화꽃에 둘러싸여 웃고 있었다.
저렇게 즐겁고 당당한 표정으로
하늘에서도 그렇게 사시길 간절히 바랐다.
그대들의 화양연화는 언제인가?
혹여, 지금이라면 1분이라도 아깝지 않게 음미하시길.
그 즐거운 얼굴을 다른 이들이 오래 기억할 수 있도록.

추일

추일追日은 세월을 거스르다, 혹은 시간을 돌린다는 뜻입니다.
물론 사전에는 안 나옵니다. 같은 뜻의 영화 제목이 있기는 하지만요.
예전으로 돌아가고 싶습니까? 언제 그런 생각을 하나요?
꽃 피는 봄입니까? 정열의 여름입니까? 아니면 사색의 가을에?
……아마도 춥고 삭막한 겨울에야 그런 생각을 하게 되겠지요.
짧게나마 낭만적인 가을로, 혹은 뜨거웠던 여름으로,
아니면 들뜨는 봄으로 돌아가 보겠습니까?
길게는 오랜 꿈을 이루고 눈물 흘렸던 의젓한 40대로,
인생의 의미를 비로소 알고 열심히 산 30대로,
아니면 무모했지만 사랑에 목숨 걸 줄 알았던 20대로……
오늘, 그대가 살아오면서 가장 돌아가고 싶었던 날로 가는
티켓을 하나 구한다면 어디로 가겠습니까?

작은 것이
모여서

황금 알을 낳는 거위의 배를 가르는 농부는,
욕심이 많거나 조급하거나 아니면 둘 다일 것이다.
우리의 24시간, 365일, 혹은 평생은
마음먹기에 따라, 길게도 짧게도 느껴지게 마련이다.
욕심 많고 조급한 농부가 보기에
황금 알 하나로는 내일 당장 쌓아올릴 대궐 같은 집을 짓기에
턱없이 부족했을 것이다.
급기야 수북이 쌓여 있을 황금 알을 꿈꾸며 배를 갈랐을 것이고.
그 결과는 우리도 다 안다.

저 작열하는 태양도 어쩌면 작고 은은한 사랑이 모이고 또 모여서
저렇게 뜨겁고 붉게 타는 것일 수도 있다.
'티끌 모아 태산' '천 리 길도 한 걸음부터'
이런 말이 지루하게 들리거나 폼 나지 않는 요즘이지만 분명한 건,
그게 인생을 좀 더 음미하며 맛있게 사는 방법일 거라는 거다.

선유

인생선유 人生船游
인생은 어쩌면 뱃놀이.
격랑도 큰 배도 나름 의미가 있겠으나,
잔잔한 바다 위를 작은 배로
그대와 오래오래 가고 싶습니다.

유이제강
柔以制强

부드러운 것이 강한 것을 이긴다.
폭포수의 요란한 소리를 길들일 수 있는 건
그 소리를 이해해주는 부드러운 마음이 아닐까.
지휘자가 소리를 지배하듯…….

기다리세요

살면서 우리는 얼마나 많은 시간을 기다리며 보낼까?
큰 뜻을 품고서 결과를 기다리는 것부터
식당에 줄을 서 기다리는 소소한 기다림,
콧노래가 절로 나는 즐거운 기다림과
1분 1초가 고통스러운 답 없는 기다림까지…….

왜 기다리는 거지?
찬찬히 생각해보면 나는 참 많이도 기다린다.
부모의 병환이 낫기를 기다리기도 하고,
아이가 철들기를 기다리기도 하고,
저녁 술자리를 아침부터 기다리기도 하고,
때로는 하늘에서 돈이 떨어지기를 기다리기도 하고,

소심한 성격이 변하기를 기다리기도 하고,
전기밥솥 안의 밥이 익기를 조급하게 기다리기도 하고,
6개월, 길게는 1년 이후의 전시회를 위해
좁은 화실에서 그림을 그리며 부처처럼 기다리기도 한다.
기다리면서 느끼는 건 지루하게도 인내심과 나이뿐인데,
내 나이만큼 나는 늘 같은 자리에서 기다리고만 있구나.

바다에 나가지 못하는 너무도 많은 이유가
배를 부두에 머물게 한다.
바다에 나가지 못하면 그건 이미 배가 아니다.
이제 더 이상 '웨이터'로 남지 않으련다.
너무도 많은 이유로 '기다리던 나'는 이제 없다.
'기다리세요' 하고 나를 둘러싼 일상이 또 말하겠지만
……너무 늦었다.

나, 간다.

이제 텔레비전을 버려야겠다

한결같이 변하지 않는 소나무처럼,
향기 잃지 않는 라일락처럼,
쉬지 않는 겨울바람처럼,
텔레비전 속의 나는 그렇게 살고 있었다.
아름다운 인간승리 드라마처럼 잘 살고 있었다.
우연한 실수로 텔레비전 코드가 뽑히기 전까진.
갑자기 어두워진 방의 불을 켜고
처음 거울을 보게 되었다.
빛나는 건 아무것도 없고
초췌한 반백의 중년과 눅눅한 이부자리,
텔레비전 불빛으로 써 내려갔던 달뜬 일기장 열다섯 권만 남았다.
……꿈이었구나.
나의 영화榮華는 그저 텔레비전 속의 이야기에 불과했구나.

정녕 그게 사실이라면 이제
헛된 꿈을 부추긴 텔레비전부터 버려야겠다.
그 다음은…… 잘은 모르겠지만
일단 사흘 낮, 사흘 밤은 혼자 술에 취하고
또 사흘 낮, 사흘 밤은 친구들을 만나 취하고
그리고 하루는 종일 천장 보며 푹 쉰 다음,
긴 '춘몽春夢'을 만회하기 위해
아마도 월화수목금금금, 이렇게 살게 되지 않을까.

이 세상 두 부류

이 세상에는 두 가지 부류의 사람이 있다.
일하러 온 사람, 그리고 놀러 온 사람.
일하러 온 사람은 그저 열심히 일하고
놀러 온 사람 역시 즐겁게 놀면 된다.
이 좋은 구도에 괜한 의문을 품으니 세상이 피곤하다.
일하러 온 사람이 "나는 왜 죽도록 일만 하는 거지?" 하고 푸념하거나
놀러 온 사람더러 "마냥 놀기만 할 거냐?"며 삿대질하면 곤란해진다.
일하러 이 세상에 온 사람의 불만을 덜어주고자
이제부터 그만 일하고 놀기만 하라고 한다거나,
놀러 온 사람더러 형평 운운하며 뼈 빠지게 일을 시키면
둘 다 힘들어 뒤척이다
죽.는.다.
하기 좋은 말로 팔자라는 건데, 조물주가 괜히 그렇게 만들었겠나?
믿고 열심히 살아볼 일이다.

혹시 아나? 60년만 지나면 원하는 자리로 바뀌어 있을지.

그러니 이 아름다운 세상, 각자의 자리에서
나름의 보람만 있으면 충분하다.
정 불만이 있으면 60년만 기다렸다가 그때 이야기하고.

나?
음…… 나는 이 세상에 일하러 왔다.

시인의 마을

시인의 마을입니다.
세상 끝나는 날이 온다 해도
가장 마지막까지 살아남는 사람들이
바로 시인들이라고 합니다.
아마도 늘 행복한 상상을 해서 그런가 봅니다.
깊은 겨울 산속에서도 꽃을 피우며 사는
시인의 마을에 당신을 초대합니다.

2등으로 살아남기

늘 2등인 사람이 있다.
실력이 조금 모자란 게 원인이겠지만,
성격상 맨 앞에 나서면 왠지 불안하다거나,
지나친 양보가 생활화되어 있다든가,
'착한사람 콤플렉스'에 빠져 있다든가,
하늘이 안 도와줘서 그렇다든지 하여 늘 2등이다.
그렇다고 슬플까? 꼭 그렇진 않다.
"언젠가 1등이 될 거야"
"당신은 사회가 꼭 필요로 하는 조력자야"
"그대 같은 사람이 없으면 세상은 각박해져"
"욕심 없는 수행자 같아" 같은,
위로나 격려의 말도 늘 따라다니니 지낼 만하다.
그럼에도 2등이라는 사실이 변하는 건 아니지만.
학교에서도, 동네에서도, 고향에서도, 서울에서도 늘 2등…….
아! 여기에 답이 있구나.
세계에서 2등이면?
그렇지. 늘 2등인 게 피할 수 없는 숙명이라면
세계 2등 정도면 멋지지 않나?
늘 2등인 그대, 당장 보따리 싸서 세계로 나가라.

밤바다

열심히 일한 당신 떠나라!!!
그래서
그렇게
그리던 바다에 왔다.
아! 바다!
더구나 밤바다라니.

일련탁생
一蓮托生

허허바다에 그대와 둘이다.
이 종이배는 물론 보통 배와는 다르다.
빨리 나가지도 못하고,
그리 멋있지도 않다.
하지만 그대를 위해 오래 정성들여 접은 꿈의 배다.
이 꿈꾸는 종이배는 그저
그대와 나를 태우고 있다는 사실만으로도
존재 이유가 충분하다.

혹여 가라앉을까 두려운가.
꿈꾸는 배이므로 그리 걱정할 것 없다.
그대와 나의 꿈의 양에 따라
길거나 혹은 짧게 떠 있을 것이니.
그래도 불안하면,
꿈이 없다면…… 내려라.

* **일련탁생** 좋든 나쁘든 행동이나 운명을 같이함.

꽃발

발은 방 안의 장식일 뿐
세상의 끝은 아니랍니다.
제아무리 꽃 장식을 한 발이라도 말입니다.

걷고 나가 보시도록.

장미꽃 한 다발

많이 미안하거나 혹은,
너무 보고 싶다면
망설이지 마세요.

당장 장미꽃 한 다발 사들고
문을 나서세요.

7월 7일

1년에 딱 한 번 견우와 직녀가 만난다는
7월 7일.
견우와 직녀는 그날을 고대하며 1년을 손꼽아 기다린다는데,

그런 소중한 기다림이나 설렘을
잊고 사는 건 아닌가요?

꽃 피워놓고 기다리다

기다리려면 꽃 피워놓고 기다리세요.
꽃 피는 시간과 당신 오는 시간이
딱 맞으면 참 좋겠지만
그게 어디 쉽나요.
그러니 꽃 먼저 피워놓고 기다리세요.
꽃이 다 지도록 오지 않으면?

······인연이 아닌 거지요.

꿈

그녀는 책을 읽다 잠깐 잠이 들었습니다.
어릴 때 읽던, 『잭과 콩나무』처럼
무가 쑥쑥 자라 구름을 뚫고
하늘로 올라가는 꿈을 꿉니다.
높은 곳에 있는
그녀의 반쪽을 곧 만날 겁니다.
부디 그녀가 행복한 꿈에서 깨지 않게
모두들 조용히······.

인생은
아름다워

인생은 아름답습니다.
참으로 아름답습니다.
큰 회사의 회장이든, 의사든, 변호사든,
시인이든, 교수든, 아파트 부녀회장이든
자기 일에 자부심을 가지고 열심히 사는 사람들,
그들이 바로 성공한 인생입니다.

그들은 한결같이 희망적이고
즐거운 이야기만 합니다.
맞습니다.
인생은 열심히 살 만합니다.
인생은 정말 아름답습니다.
열심히 사는 모든 이들에게
박수를 보냅니다.

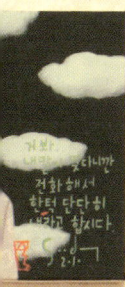

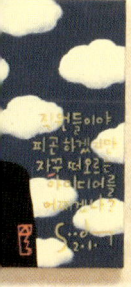

섬이
전하는 말

외딴 섬에서 자란 소녀는 늘 꿈을 꿉니다.
보름마다 한 번씩 오는 배를 타지 않고도
육지에 갈 수 있으면 좋겠다는 꿈,
바로 새가 되는 꿈이지요.
꿈은 이루어진다고 했으니 하나는 이루어졌습니다.
육지에 가는 꿈이지요.
좁은 섬을 벗어나 드넓은 육지에서
소녀는 달리고 또 달립니다.
지칠 즈음, 그리고 환상이 깨어질 즈음
소녀는 다시 섬을 생각합니다.
그 작은 섬은 30분만 걸어도 제자리로
돌아오기 때문에 지칠 일이 없습니다.
돌이켜보니 바다, 갈매기, 구름, 별, 파도 소리⋯⋯
환상 그 자체였습니다.
결국 소녀는 섬으로 돌아옵니다.

하지만 섬은 말합니다.
오지 마라. 돌아가거라.
꿈 하나가 더 남아 있지 않느냐.
새가 되는 꿈.
이젠 섬을 벗어나기 위한 새가 아니라
창공을 휘젓는 힘센 새가 되어라.

소곤소곤 나의 이야기 4

어느 날 전시장에서 내 그림을 한참 바라보던 여성이 있었다. 그림을 오래 봐주는 것만으로도 고마웠다. 그런데 어느 순간 그녀의 눈에서 눈물이 떨어졌다. 툭. 하얀 눈밭을 헤치며 남자가 여자를 업고 가는 「……사랑」이라는 제목의 그림이었다. 그 순간 내 마음속에도 무엇인가 툭 던져졌다. '아, 내가 화가라는 사실이 지금 너무 고맙구나.'

나는 그림을 딸처럼 생각한다. 곱게 키운 딸을 좋은 집에 시집보내는 게 아비 즉, 화가의 일이라고 생각한다. 그래서 전시가 열리면 매일 전시장에 나와 있다. 그리고 딸에 대한 소개를 하고 자랑도 잊지 않는다. 그리고 내 그림을 사가는 사람을 마치 사돈 대하듯 조심스럽게 받든다. 기회가 되면 잊히지 않을 만큼 연락을 주고받았으면 하는 마음도 있다. 그래서 내겐 오래된 컬렉터들이 많은 편이다. 그 시작은 전시장에서의 우연 같은 작은 만남에서 비롯되는 걸 잘 안다. 내 그림을 데려가주시는 여러 컬렉터들, 전시회에 찾아와 좋은 그림 그려주어 고맙다고 악수 청하시는 분들은 나의 딸 같은 그림을 사랑해주는 사돈 같은 인연들이다. 내가 더 열심히 그림 그리도록 독려해주고 그림을 그리는 또 다른 이유가 되는 고마운 인연들이다.

에필로그
행복을 그리다

　내 그림 속 등장인물들은 모두 행복한 사람들이다.
　더 정확히는 행복할 수 '있는' 사람들이다. 헤어진 연인을 여전히 그리워하지만 언젠가 다시 만날 것이란 기대가 있기에 행복하고, 긴 눈밭을 헤쳐나가야 하지만 그 길 끝에 서 있는 그녀가 꽃을 받고 기뻐할 모습을 생각하니 행복하다.
　외롭고 고단한 여행길이지만 달을 보며 한마디 농담을 던질 수 있는 여유가 있기에 행복하고, 뭉게구름 피어오른 들판을 그대와 함께 걸을 수 있어 행복하다.

모두들 잠든 깊은 밤이지만 창밖에서 두 손을 붙잡은 연인이 밤새 사랑을 이야기하는 모습이 사랑스러워 행복하고, 자신을 믿고 따르는 아내와 아이들을 위해 눈밭에 붉은 양탄자를 깔아주는 아버지가 있어 행복하다.

어쩌면 세상은 역경과 고달픔의 연속일지도 모른다. 하지만 그림 속에서, 또는 그림을 통해서 모든 이들이 즐겁고 행복하길,

그리고 나 또한 그러하길.

■ 그림 다시보기

1장
마음 내려놓기

「오늘, 수고했어요」,
캔버스에 아크릴릭,
40.9×31.8cm, 2007
p.15

「나는 당신의 의자입니다」,
캔버스에 아크릴릭,
33.4×24.2cm, 2006
p.16

「그 섬에 가고 싶다」,
캔버스에 아크릴릭,
24.2×33.4cm, 2001
p.18~19

「달빛만으로도 충분합니다」,
캔버스에 아크릴릭,
33.4×24.2cm, 2006
p.22

「어서 오시게」,
캔버스에 아크릴릭,
33.4×24.2cm, 2008
p.25

「화양연화」,
캔버스에 아크릴릭,
72.7×100.0cm, 2009
p.28~29

「그녀에게 한 곡」,
캔버스에 아크릴릭,
33.4×24.2cm, 2010
p.30

「높은 사랑」,
캔버스에 아크릴릭,
60.6×45.5cm, 2008
p.33

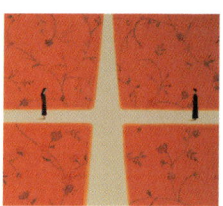

「포도나무를…」,
캔버스에 아크릴릭,
65.1×50.0cm, 2006
p.34

「그녀의 바다」,
캔버스에 아크릴릭,
33.4×24.2cm, 2006
p.37

「그녀가 온다」,
캔버스에 아크릴릭,
18.0×14.0cm, 2010
p.38

「꽃」,
캔버스에 아크릴릭,
18.0×14.0cm, 2009
p.40

「그녀의 꿈」,
캔버스에 아크릴릭,
18.0×14.0cm, 2009
p.43

「동행」,
캔버스에 아크릴릭,
53.0×40.9cm, 2008
p.44

「꽃배 타고 내려오다」,
캔버스에 아크릴릭,
33.4×24.2cm(제일 긴 부분),
2009 p.47

「哀而不傷 樂而不淫」,
캔버스에 아크릴릭,
27.3×22.0cm, 2005
p.49

「늦봄 사랑」,
캔버스에 아크릴릭,
53.0×72.7cm, 2008
p.50~51

「모정」,
캔버스에 아크릴릭,
14.0×18.0cm, 2009
p.55

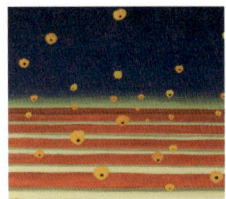

「꿈꾸는 마을」,
캔버스에 아크릴릭,
50.0×25.0cm, 2009
p.59

「아! 바다」,
캔버스에 아크릴릭,
33.4×24.2cm, 2009
p.60

2장
설렘이 나를 부르네

「男」,
캔버스에 아크릴릭,
33.4×24.2cm(제일 긴 부분),
2006 p.66

「女」,
캔버스에 아크릴릭,
33.4×24.2cm(제일 긴 부분),
2006 p.67

「공작부인」,
캔버스에 아크릴릭,
18.0×14.0cm, 2009
p.69

「노란 손수건」,
캔버스에 아크릴릭,
20.0×50.0cm, 2006
p.72~73

「꽃바람」,
캔버스에 아크릴릭,
40.9×31.8cm, 2008
p.75

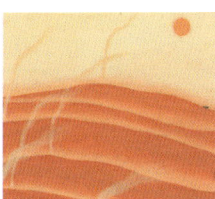

「내 사랑을 전해다오」,
캔버스에 아크릴릭,
24.2×33.4cm, 2006
p.76~77

「세상에서 가장 맛있는 커피」,
캔버스에 아크릴릭,
53.0×72.7cm, 2009
p.80~81

「꽃 마중」,
캔버스에 아크릴릭,
22.0×27.3cm, 2008
p.82~83

「마중」,
캔버스에 아크릴릭,
45.5×33.4cm, 2009
p.84

「사랑가」,
캔버스에 아크릴릭,
40.9×53.0cm, 2010
p.86~87

「어화둥둥 내 사랑」,
캔버스에 아크릴릭,
27.3×22.0cm, 2010
p.88

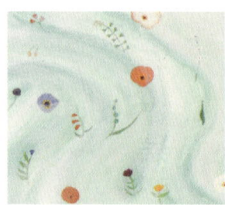

「지독한 사랑」,
캔버스에 아크릴릭,
33.4×24.2cm, 2007
p.91

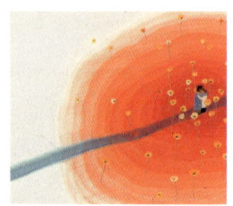

「사랑, 꽃피우다」,
캔버스에 아크릴릭,
40.9×53.0cm, 2008
p.94~95

「당신이 잠든 사이」,
캔버스에 아크릴릭,
40.9×53.0cm, 2008
p.96

「한여름 밤」,
캔버스에 아크릴릭,
18.0×14.0cm, 2009
p.99

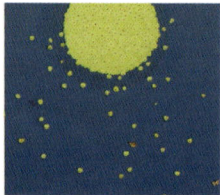

「이야기가 꽃이 되고 꽃은 달이 되다」,
캔버스에 아크릴릭,
90.9×65.1cm, 2009
p.100

「그녀가 온다」,
캔버스에 아크릴릭,
31.8×40.9cm, 2010
p.104~05

「마중」,
캔버스에 아크릴릭,
24.2×33.4cm, 2010
p.106~07

「사랑가」,
캔버스에 아크릴릭,
72.7×100.0cm, 2009
p.110~11

「祝花」,
캔버스에 아크릴릭,
33.4×24.2cm, 2006
p.112

「눈이 부시게 푸르른 날」,
캔버스에 아크릴릭,
72.7×116.8cm, 2009
p.114~15

3장
한 자락 쉬어가기

「나들이」,
캔버스에 아크릴릭,
24.2×33.4cm, 2007
p.122~23

「Breeze」,
캔버스에 아크릴릭,
40.9×31.8cm, 2010
p.124

「나는 꽃이랍니다」,
캔버스에 아크릴릭,
33.4×24.2cm, 2010
p.127

「별이 쏟아진다」,
캔버스에 아크릴릭,
40.9×53.0cm, 2008
p.130~31

「기다리다 잠이 들다」,
캔버스에 아크릴릭,
40.9×53.0cm, 2007
p.133

「나의 친구」,
캔버스에 아크릴릭,
33.4×24.2cm, 1999
p.137

「七部」,
캔버스에 아크릴릭,
130.3×162.2cm, 1994
p.140~41

「비 오는 날 화가」,
캔버스에 아크릴릭,
18.0×14.0cm, 2005
p.142

「사랑 번지다」,
손수건에 아크릴릭,
42.0×42.0cm, 2010
p.146

「꿈으로 가다」,
캔버스에 아크릴릭,
24.2×33.4cm, 2010
p.149

「男子」,
캔버스에 아크릴릭,
40.9×53.0cm, 2010
p.152~53

「즐거운 귀가」,
캔버스에 아크릴릭 · 부조,
22.0×27.3cm, 2007
p.155

「좋은 술이 생겼다」,
캔버스에 아크릴릭,
24.2×33.4cm, 2010
p.156~57

「최 부장 바로 출근하다」,
종이에 콩테,
43.0×32.0cm, 2010
p.159

「해운대 갈매기 13호」,
캔버스에 아크릴릭,
45.5×53.0cm, 2009
p.161

「잘 먹고 잘 살자」,
캔버스에 아크릴릭,
22.0×27.3cm, 2010
p.164

「날마다 자라는 금나무」,
캔버스에 아크릴릭,
72.7×53.0cm, 2008
p.167

「고맙습니다」,
캔버스에 아크릴릭,
18.0×14.0cm, 2009
p.168

「나비 꿈」,
캔버스에 아크릴릭,
60.6×45.5cm, 2009
p.170

「그 소녀」,
캔버스에 아크릴릭,
27.3×22.0cm, 2008
p.173

4장
당신의 인생에게

「꿈을 심다」,
캔버스에 아크릴릭,
40.9×53.0cm, 2008
p.178~79

「화양연화」,
캔버스에 아크릴릭,
18.0×14.0cm, 2009
p.181

「追日」,
캔버스에 아크릴릭,
80.3×116.8cm, 2010
p.184~85

「사랑」,
캔버스에 아크릴릭,
18.0×14.0cm, 2009
p.187

「선유」,
캔버스에 아크릴릭,
18.0×14.0cm, 2009
p.189

「柔以制强」,
캔버스에 아크릴릭,
18.0×14.0cm, 2009
p.190

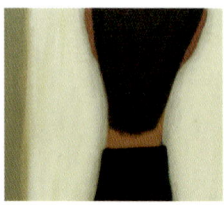
「기다리세요」,
캔버스에 아크릴릭,
33.4×24.2cm, 1998
p.193

「이제, TV를 버려야겠다」,
캔버스에 아크릴릭,
65.1×65.1cm, 2000
p.196

「겨울 이야기」,
종이에 콩테,
54.0×40.0cm, 1991
p.199

「詩人의 마을」,
캔버스에 아크릴릭,
45.5×33.4cm, 2009
p.200

「어서 오세요」,
캔버스에 아크릴릭,
45.5×33.4cm, 2007
p.202

「아! 바다」,
캔버스에 아크릴릭,
18.0×14.0cm, 2009
p.205

「一蓮托生」,
캔버스에 아크릴릭,
53.0×72.7cm, 2008
p.206

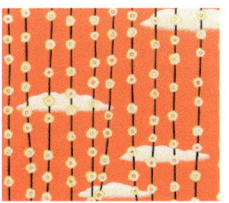
「꽃밭」,
캔버스에 아크릴릭,
33.4×24.2cm, 2010
p.209

「장미꽃 한 다발」,
캔버스에 아크릴릭,
27.3×22.0cm, 2010
p.210

「7월 7日」,
캔버스에 아크릴릭,
33.4×24.2cm(제일 긴 부분),
2010 p.213

「꽃 피워놓고 기다리다」,
캔버스에 아크릴릭,
65.1×90.9cm, 2009
p.216~17

「꿈」,
캔버스에 아크릴릭,
33.4×24.2cm, 2009
p.218

「인생은 아름다워」,
캔버스에 아크릴릭, 20점,
각17.9×25.8cm, 2010
p.222~23

「섬이 전하는 말」,
캔버스에 아크릴릭,
31.8×40.9cm, 2010
p.224~25

토닥토닥 그림편지
행복을 그리는 화가 이수동이 전하는 80통의 위로

ⓒ 이수동 2010

1판 1쇄	2010년 12월 6일
1판 25쇄	2022년 5월 25일

지은이	이수동
펴낸이	정민영
책임편집	이승희 손희경
편집	변혜진
디자인	손현주 김이정
마케팅	정민호 이숙재 김도윤 한민아 정진아 이가을 우상욱 정유선
제작처	한영문화사(인쇄) 경일제책사(제본)

펴낸곳	(주)아트북스
출판등록	2001년 5월 18일 제406-2003-057호
주소	10881 경기도 파주시 회동길 210
대표전화	031-955-8888
문의전화	031-955-7977(편집부) | 031-955-2696(마케팅)
팩스	031-955-8855
트위터	@artbooks21
전자우편	artbooks21@naver.com
인스타그램	@artbooks.pub

ISBN 978-89-6196-076-2 03810

* 이 책의 판권은 지은이와 (주)아트북스에 있습니다.
이 책의 내용을 이용하려면 반드시 양측의 서면 동의를 받아야 합니다.